AF337709

LE
VANDALISME LÉGAL

OU

LETTRE A NOS GOUVERNANTS

PAR

Un Électeur catholique Manceau.

Proficient in possus.
(11, Thimoth., III, v. 13.)

———⟨•⟩———

CHAUMONT

TYPOGRAPHIE ET LITHOGRAPHIE CAVANIOL

—

1891

LE
VANDALISME LÉGAL

OU

LETTRE A NOS GOUVERNANTS

PAR

Un Électeur catholique Manceau.

Proficient in possus.
(11, Thimoth., III, v. 13.)

CHAUMONT

TYPOGRAPHIE ET LITHOGRAPHIE CAVANIOL

—

1891

L'auteur de cet opuscule déclare que les principes par lui
exposés sont professés par les écrivains les plus éminents ;
c'est un simple travail de compilation et d'agencement, dans le
but de jeter un peu de lumière dans quelques intelligences et de
provoquer un réveil, si c'est possible.

> *Surge qui dormis et exsurge a mortuis*
> *et illuminabit te Christus.*
>
> (Ephes., v, v. 14.)

LE VANDALISME LÉGAL

Lex, si stricte sumatur, est coordinatio su-
perioris ad inferiorem, per imperium pro-
prium.   (Suarez.)

MESSIEURS,

Les pouvoirs dont vous êtes investis nous donnent le droit de vous supposer intelligents. Et comme l'un des plus impérieux besoins de l'intelligence est de remonter des effets aux causes, pour entrer en possession de la raison des choses, vous croyez certainement, avec nous, que le monde qui se déroule, sous nos regards, ne s'est pas fait tout seul ; mais procède d'un auteur, principe de son équilibre, de son agencement, de son mouvement et de sa vie. Eh bien, cette coordination, émanée de la raison même de Dieu, constitue la loi de ce monde ou un ordre imposé par le supérieur à l'inférieur, ordre duquel résultent les rapports de Dieu à la créature, et qui sert à la gouverner et à la diriger. Les êtres sans raison obéissent à cette loi, sans la comprendre, en suivant leur instinct, c'est-à-dire cette impulsion cachée qui gouverne, d'une façon sûre et infaillible tous les êtres organiques ou inorganiques dépourvus d'intelligence. Les êtres intelligents ont la raison pour la connaître et la conscience pour la sentir, le discernement du bien et du mal et la liberté pour observer la loi ou la violer, ce qui fait leur responsabilité.

Cette loi, qui a tout mis à sa place, pour notre bien, doit être respectée, parce que c'est la volonté même de Dieu qui ordonne de maintenir l'ordre naturel et défend de le troubler ; d'où il résulte que toutes les lois que les hommes peuvent promulguer, en sous-œuvres, pour le gouvernement des sociétés, doivent se pénétrer de cette loi éternelle, en porter l'empreinte, en refléter l'esprit pour être justes, sensées, se faire écouter et pardonner ; car, nul homme, remarquez-le bien, n'a le droit d'imposer, de lui-même, à un autre homme, une loi quelconque. Ce droit vient de plus haut : *non est enim potestas nisi a Deo.* (Saint-Paul aux Rom., chap. XIII, v. 1er).

Tout gouvernement qui nie Dieu, qui repousse Dieu, son culte, son Eglise, n'a donc aucun droit de commander ; d'où le tirerait-il ? Les hommes qui le constituent sont des hommes comme nous, notre raison vaut la leur, quelquefois plus, et notre liberté est aussi souveraine. Ils sont les plus forts, soit, mais la force ne crée pas le droit, tous les hommes réunis n'ont pas le droit d'obliger moralement un seul homme ; c'est de la violence avec les apparences du droit. Le despotisme d'un seul, comme le despotisme de plusieurs, sont des énormités morales. Il n'y a de société constituée que quand le rapport de Dieu à l'homme est reconnu, proclamé comme le fondement de la législation et du gouvernement.

La Religion doit donc être la base de l'édifice social. *Nisi dominus ædificaverit donium, in vanum laboraverunt qui ædificant eam.* (Ps. 126).

Tout supérieur, quel qu'il soit, est un délégué de la puissance souveraine, et cette puissance souveraine est *unique.* C'est l'Etre qui, par sa nature, est supérieur à tout. Il exerce sa puissance par des instruments, par des esprits, par des hommes ou par des créatures et, par cela seul qu'il les emploie, *il leur délègue* une part de sa puissance. Le droit de l'autorité, quelle qu'elle soit, sort de là, celui du père de famille comme celui du maître qui enseigne, comme le pouvoir de celui ou de ceux qui gouvernent. Est-ce assez vous élever ?

Mais, faites attention que le droit de tout supérieur étant *une délégation,* votre devoir est *dans la fidélité de la dispensation ;* et c'est pourquoi l'apôtre nous dit : Que tous les hommes de pouvoir sont ministres pour le bien, entendez-vous, pour le bien ; si, au lieu de cela, ils se font ministres d'eux-mêmes, pour eux-mêmes, ils commettent un double crime : d'une part, crime de révolte contre Dieu, d'usurpation de l'autorité divine ; de l'autre, vis-à-vis du peuple, crime de tyrannie, de despotisme !

Tous ne veulent pas ce que vous voulez, n'approuvent pas ce que vous faites ; quand d'ailleurs tous voudraient une chose, ce ne serait pas une raison pour qu'elle fût juste. La volonté générale d'un peuple peut être absurde, immorale, elle peut même ne pas exprimer son véritable intérêt. La loi ne doit donc pas être recherchée même dans l'expression de la volonté générale, puisque celle-ci peut être faussée, erronée, et que la loi doit être juste et promulguée pour le bien, en un mot l'expression de la raison et de la sagesse.

Ne faites pas, a dit Notre Seigneur Jésus-Christ à ses disciples, comme les princes des nations qui gouvernent dans leur intérêt et au gré de leurs caprices ; vous, au contraire, vous serez les serviteurs de tous. Je suis venu moi-même pour servir ; à combien plus forte raison, vous, Messieurs, devez-vous être les serviteurs du peuple ; car, instruments de la puissance supérieure, vous devez travailler à transmettre la vérité, la justice, tout ce qui fait l'ordre et le bien-être de la société.

Est-ce la mission que vous avez remplie, est-ce le rôle que vous avez joué depuis que vous êtes aux affaires ?

Au lieu de respecter ce que Dieu lui-même a établi, vous vous insurgez contre tout ce qu'il a fait et vous n'êtes que par lui..., étrange audace !...

§ I.

Sinite parvulos, et nolite eos prohibere ad me venire.

(Math., xix, v. 14.)

Sous prétexte d'affranchissement des consciences, vous prétendez enlever au père de famille l'éducation et l'instruction de ses enfants, *vous n'avez aucun droit à agir de la sorte ;* l'auriez-vous, que vous n'en seriez pas moins tenus de l'exercer autrement que vous ne faites.

Les maîtres donnés aux enfants ne sont institués que pour suppléer les parents, ils sont les représentants de ceux-ci, dès lors ils doivent faire ce qu'ils feraient eux-mêmes ; les mêmes charges et les mêmes devoirs leur incombent et ils ne peuvent, suivant leur gré, leur caprice, leur fantaisie ou selon le vœu de vos exigences et de vos programmes, substituer à l'enseignement que *doit* le père un enseignement arbitraire. C'est cependant ce que vous leur imposez, en proscrivant l'enseignement chrétien que les pères *sont tenus* de donner à leurs enfants.

Ils doivent, dit l'écriture, ordonner à leurs enfants et à toute leur maison de garder la voie du Seigneur et d'agir selon l'équité et la justice. (Genèse 18, v. 19).

Ils doivent demander à Dieu de les bénir. (Ix. 49, v. 16).

Vous devez, vous-mêmes, vous pénétrer de ces enseignements divins.

Les ordonnances que je vous prescris, a dit le Seigneur, vous les graverez dans votre cœur, vous les raconterez à vos enfants, vous les méditerez dans votre maison. (Deut. 6, v. 7).

Recommandez à vos enfants de garder, de pratiquer et d'accomplir tout ce qui est écrit en la loi. (Deut., chap. 32, v. 46).

Et si vos enfants vous interrogent, vous leur direz que

ce sont les ordonnances que Dieu vous a prescrites. (Deut. 6, v. 20).

Enfin, dit l'Apôtre Saint-Paul : pères, n'irritez pas vos enfants, mais ayez soin de les bien élever, en les corrigeant et en les instruisant, selon le Seigneur. (Ephès., chap. VI, v. 4).

Dieu qui a assujetti tous les êtres de la nature à des lois ne pouvait laisser flotter dans l'incertitude la raison humaine, il ne pouvait laisser, sans lois fixes, en ce qui concerne sa croyance et ses devoirs, le chef-d'œuvre de sa sagesse, l'esprit et le cœur de l'homme.

Cet enseignement ne vous est peut-être pas très familier, cependant vos mères ont dû vous le faire entendre et les leçons reçues au matin de la vie laissent de profondes traces au cœur !

En voici un autre que, sans doute, vous accepterez mieux. Beaucoup d'entre vous ont dû faire leur droit. Si vous ne voulez pas tenir compte des prescriptions divines, que les ténèbres de votre esprit ou votre parti-pris cèdent, au moins, devant les consécrations de la loi civile ; car, notre code a consacré la puissance paternelle que vous supprimez d'un trait.

La puissance paternelle, dit M. Demolombe, est un droit fondé sur la nature et confirmé par la loi ; fondé sur la nature, car il n'est pas contestable que c'est *Dieu lui-même* qui, en confiant *aux pères et mères* le soin de l'éducation de leurs enfants, a placé ces enfants sous l'autorité de leurs pères et mères et qui a mis dans le cœur des uns et des autres ces sentiments de protection et d'obéissance sur lesquels elle repose et, dans l'interprétation de la loi positive, il faut tenir grand compte de cette origine.

Cette puissance a été créée dans l'intérêt de tous, des enfants, des pères et mères, de l'Etat lui-même :

Dans l'intérêt des enfants principalement, sans doute, car il faut à leur faiblesse un protecteur, un guide à leur inexpérience ;

Dans l'intérêt des pères et mères, car c'est pour eux non pas seulement un devoir mais aussi *un droit* d'élever leurs enfants, de leur donner le genre d'éducation qui leur convient, d'éveiller en eux la vocation pour les carrières vers lesquelles ils veulent les diriger ;

Dans l'intérêt de l'Etat lui-même, enfin, car le bon ordre des familles est la première condition et la plus sûre garantie de bon ordre dans la société. La puissance paternelle est le meilleur auxiliaire de la puissance publique et, lorsqu'elle remplit bien sa mission, lorsqu'elle sait inspirer aux enfants des sentiments de religion et de morale, les former à des habitudes de discipline et de travail, soyez sûrs qu'elle prépare de bons citoyens à la patrie.

« Les pères et mères, continue-t-il, doivent élever leurs enfants, c'est-à-dire leur enseigner, le plus tôt possible, les principes de la religion et de la morale, régler leurs mœurs, leurs habitudes, former leur intelligence, les disposer enfin à bien remplir la position, quelle qu'elle soit, humble ou élevée qu'ils doivent un jour occuper dans la société.

C'est à eux, c'est à celui d'entre eux qui a le gouvernement de la famille et qui exerce la puissance paternelle, qu'il appartient *de décider du genre d'éducation et d'instruction que l'enfant recevra, des maîtres qui lui seront donnés*, de la profession pour laquelle il sera préparé, etc., etc., etc. (T. VI, p. 214, 222, 245).

Vous voyez bien que *vous n'avez aucun droit* à la prétention par vous affichée de vous suppléer aux parents.

L'enfant, d'après nos lois, doit, à tout âge, honneur et respect à ses père et mère (art. 371, C. civ.) ; vous amoindrissez cet honneur, vous diminuez ce respect, si vous substituez votre autorité à la leur.

Il doit rester sous leur autorité jusqu'à sa majorité ou son émancipation (art. 372); et vous les parquez, malgré lui dans vos écoles.

Le père doit seul exercer cette autorité durant le mariage. (art. 373); et c'est vous qui vous en arrogez l'exercice.

L'enfant ne peut quitter la maison paternelle sans la permission de celui-ci (art. 374) ;

Et vous l'en arrachez sans cette permission par la force brutale, par la violence ; vous ruinez la puissance paternelle et votre soif de domination altère chez vous les notions les plus élémentaires du juste et du sens commun.

Vous refusez à l'homme raisonnable ce que vous êtes obligés de concéder à la bête, à l'animal sans raison.

Hérode, en faisant massacrer les enfants d'Israël, n'a tué que leur corps et leur a ouvert les portes du ciel ; en profanant les âmes des nôtres, par un enseignement antichrétien, vous les prédestinez à une mort éternelle. Vous avez, certainement, des titres à un châtiment plus sévère que celui mérité par Hérode !

§ II.

Quod Deus conjunxit, homo non separet.
(Marc, x, v. 9.)

Les familles sont la pépinière de l'Etat, c'est le mariage qui les forme. Considéré en lui-même le mariage est un contrat, mais un contrat revêtu d'une excellence particulière. — Son institution est divine. Sa fin est de propager la race humaine et de rendre l'homme coopérateur de Dieu pour la multiplication des créatures intelligentes appelées à le connaître, à le servir, à l'aimer et à le glorifier éternellement.

Tous les peuples ont honoré le mariage en lui attribuant un caractère sacré, mais Jésus-Christ l'a honoré encore davantage en l'élevant à la dignité de sacrement.

Ce sacrement donne au mari et à la femme la grâce de vivre saintement ensemble, de resserrer les liens d'un amour mutuel et d'élever chrétiennement leurs enfants, dans la pratique de la vertu et de la foi chrétienne.

Dans le mariage chrétien, le sacrement n'est pas une qualité accessoire, ni un surajouté accidentel, séparable du contrat. *C'est le contrat* lui-même transformé par la grâce et devenu sacrement, de telle sorte que, si le sacrement fait défaut, il n'y a pas même de contrat mais une union absolument illicite.

En sa qualité de chose sainte le mariage relève donc de l'Eglise ; mais l'Eglise en réclamant ses droits ne prétend pas empiéter sur les attributions de la puissance séculière, elle reconnaît que les *effets civils* du mariage relèvent de cette puissance.

Les deux propriétés principales du mariage sont l'unité et l'indissolubilité.

Les devoirs nécessaires de nutrition et d'éducation des enfants et le perfectionnement, par ce moyen, de leur corps et de leur âme, demandaient des parents *certains* et mutuellement *unis par un lien indissoluble.* C'est dans *ce lien* que réside l'essence du mariage. Adam, le premier homme, l'avait compris ainsi, par une sorte d'instinct divin, lorsqu'il s'écria, en voyant apparaître la première femme : Voici l'os de mes os et la chair de ma chair ; c'est pourquoi l'homme quittera son père et sa mère pour s'attacher à sa femme et *ils seront deux dans une même chair.* (Genèse 11, 24).

Selon le Concile de Trente, la perpétuité et l'indissolubilité du mariage ont été consacrées par ces paroles. (Session XXIV, chap. unique, *Mariage*).

L'Eglise, dit Tertullien, dresse le contrat de mariage chrétien, l'oblation le confirme, la bénédiction en devient le sceau, les anges le rapportent au Père céleste qui le ratifie. Deux fidèles portent le même joug : ils ne sont qu'une chair, qu'un esprit ; ils prient ensemble ; ils jeûnent ensemble ; ils sont ensemble à l'église et à la table de Dieu, dans la persécution et dans la paix. (Ad uxor., p. 333, liv. 11).

Vous savez d'ailleurs la réponse du Christ aux juifs lui

demandant s'il était permis à un homme de répudier son épouse pour une cause quelconque :

« N'avez-vous pas lu que celui qui a créé l'homme, au commencement, l'a fait mâle et femelle ? et qu'il a dit : C'est pourquoi l'homme quittera son père et sa mère pour s'attacher à son épouse, *et ils seront deux dans une seule chair.* C'est pourquoi ils ne sont plus deux, mais une seule chair ; *que l'homme ne sépare donc point ce que Dieu a uni* ».

Et sur leur réflexion que Moïse avait recommandé de donner un acte de divorce pour la répudiation, il répliqua : Si Moïse vous a permis de répudier vos épouses, c'est à cause de la dureté de votre cœur ; mais il n'en fut pas de même au commencement. Or, je vous dis que quiconque répudie son épouse, hors le cas d'adultère, et en épouse une autre, commet un adultère et que celui qui épouse une femme répudiée commet la même faute. (Saint-Math., chap. XIX, v. 4, 5, 6, 7, 8 et 9).

Et ce qui enlève tout doute sur le vrai sens des paroles du Christ, c'est ce que dit saint Paul aux Corinthiens : Voici ce que j'ordonne, non pas moi, mais le Seigneur : la femme ne doit pas se séparer de son mari ; si elle s'en sépare, qu'elle demeure hors du mariage ou qu'elle se réconcilie avec son mari ; et l'homme ne doit pas non plus renvoyer sa femme, la femme est liée aussi longtemps que le mari est en vie : Si son mari vient à mourir, alors elle est libre ; qu'elle se marie si elle veut, seulement qu'elle se marie dans le Seigneur. (1 Corinth. chap. VII, v. 10, 11, 39).

Ce qui est dit de la femme doit également s'entendre du mari.

Ecoutez enfin le Concile de Trente (session XXIV, canon 7) :

Si quelqu'un dit que l'Eglise se trompe lorsque, suivant la doctrine de l'Evangile et des apôtres, elle enseigne que le *lien* du mariage n'est pas rompu par l'adultère de l'un des époux et que ni l'un ni l'autre, pas même la partie innocente qui n'a pas donné occasion à l'adultère, ne peut, du vivant de l'autre partie, contracter un nouveau mariage et que celui qui a abandonné une épouse adultère et qui épouse une autre femme viole le mariage, *qu'il soit anathème.*

C'est très clair, nul ne peut séparer ce que Dieu a uni. Et cependant vous avez décrété *le divorce,* sans réfléchir, selon le mot de Portalis, qu'il y aura toujours assez de mariages pour la prospérité de la République, mais qu'il ne saurait toujours y avoir assez de mœurs pour la prospérité des mariages ; sans songer que ce qu'on ôte en austérité aux lois, on le donne en force, en audace aux passions qui combattent les lois, que le divorce est le plus souvent une prime accordée au désordre et à la débauche plutôt qu'un secours à la vertu ; et qu'il est à craindre que, comme dans l'ancienne Rome, les femmes ne se marient que pour répudier et ne répudient que pour se marier.

L'indissolubilité du mariage a traversé, sans interruption, l'étendue et la profondeur de dix siècles, le divorce n'a paru qu'aux époques troublées, qu'aux jours de décadence, qu'aux heures de dissolution sociale, de bouleversements politiques, quand les pouvoirs publics divorçaient avec Dieu ; ce n'a jamais été l'objectif que de quelques esprits contaminés et d'existences avilies. Né de la corruption, il finira dans l'orgie et dans le sang. Il est naturel qu'après avoir désolé la famille, la licence et l'anarchie s'introduisent dans l'Etat.

En même temps que vous conspirez contre Dieu, en conspirant contre l'ordre qu'il a établi, vous conspirez contre vous-mêmes.

§ III.

Nolite tangere Christos meos.

(1, Parolip., xvi, v. 22.)

Dans tous les pays les personnes consacrées à Dieu ont été l'objet d'immunités, de privilèges. C'était un juste retour des sacrifices qu'elles s'imposaient, de leurs renoncements volontaires aux joies de la famille et du monde, de leur destination absolue, sans retour, au soulagement des misères physiques et morales de l'humanité.

Dès l'origine des temps et dès les premiers jours du christianisme les clercs ont été dispensés des services publics, c'était la conséquence du don d'eux-mêmes à Dieu dont le culte ne doit pas être distrait par d'autres occupations. (Nomb. chap. XVIII, XXXV.)

Et Dieu recommande aux enfants d'Israël de ne pas les abandonner pendant tout le temps qu'ils passeront sur la terre (Deutér. chap. XII, v. 19, chap. XVIII.)

Constantin Auguste écrivait à Anulin : Comme il résulte d'une multitude d'observations que le mépris de la religion qui professe le plus grand respect envers la divine majesté a causé les plus grands maux à l'Etat, tandis que la pratique fidèle de cette même religion fait prospérer, par suite de la bonté de Dieu, le nom romain et donne à toutes les affaires des hommes les plus heureux succès, il nous a plu, cher Anulin, de récompenser les travaux de ceux qui, avec la sainteté qu'elle mérite et l'observation assidue de leur foi, consacrent leur ministère au culte de cette divine religion.

En conséquence, nous voulons que tous ceux qui dans la province confiée à vos soins servent la très sainte religion dans l'Eglise catholique dont Cécilien est l'évêque, et à qui on donne ordinairement le nom de clercs, soient exemptés de toutes charges publiques, de peur qu'ils ne soient détournés, par erreur ou par quelque sacrilège, du culte dû à la souveraine divinité et afin qu'ils observent leur loi, sans aucune inquiétude, attendu que s'ils rendent un hommage souverain à la divinité, il en résulte un très grand profit pour la République. (Saint Aug. t. XIX, p. 542.)

De même, l'article 10 du 71e capitulaire de Charlemagne déclare qu'ils ne sauraient être astreints à porter les armes « *ut clerici arma militaria non contingant.* » (803).

Philippe IV (1290), les dispense de la taille ;

Charles IX, de la nourriture, du logement et de l'entretien des gens de guerre, 1445.

Pendant tout le temps qu'a duré la monarchie, ces prérogatives ont été maintenues. La République de 1793 elle-même, par décret du 21 mars, avait dispensé du service militaire les évêques, les curés, les vicaires salariés par la Nation.

Les lois de 1832, de 1852 et celle de 1872, art. 7, sur le recrutement de l'armée, avaient également, sous certaines conditions, respecté cette immunité.

En la faisant disparaître, par votre loi du 17 juillet 1889, vous n'avez pas fait une loi sur l'armée, ainsi qu'on vous le reprochait, mais une loi contre le clergé ; les 1500 ou 1800 séminaristes, appelés chaque année, quand vous êtes contraints, pour défaut de ressources budgétaires, de ne pas incorporer 50 ou 60,000 hommes, étant absolument inutiles pour compléter votre contingent. « Vous avez fait acte de sectaires, œuvre d'oppression envers l'Eglise et la religion. » (Mgr Freppel.)

Et dans cette conspiration contre le service des autels vous n'avez pas même le mérite de l'invention. Car, Dieu, par la bouche du prophète David, reprochait déjà, aux hommes de son temps, pareille manifestation : *Dixerunt in corde suo cognatio eorum simul : Quiescere faciamus omnes dies festos Dei à terrâ.* (Ps. LXXIII, v. 8.)

Vous avez en horreur tous ceux qui marchent dans la voie droite.

§ IV.

Dignus est operarius cibo suo.

(Math., x, 10.)

Dieu n'a pas besoin de l'homme. Mais puisqu'il a voulu faire à sa créature l'honneur de l'associer à ses œuvres les plus élevées, puisqu'une première fois il a institué l'homme son vicaire dans le gouvernement du monde terrestre. (Genès. 1, 26, 28 et suiv.) et, qu'en dernier lieu, manifesté dans la chair, en la personne de Jésus-Christ, il a voulu encore pour auxiliaires des hommes de cette même race dont il avait épousé la nature, que Jésus-Christ s'est adjoint un collège apostolique et a laissé après lui, sur la terre, une monarchie ecclésiastique avec la mission de présider à la société des âmes, de gérer l'intendance des choses saintes, d'enseigner et de défendre la vérité divine, de prêcher et de définir les devoirs de la religion et de la justice, il a bien fallu, ses ministres étant des hommes, qu'il pourvût à leur subsistance humaine.

Le maître souverain aurait pu par lui-même et dès l'origine faire réserve d'un fonds sacré et inaliénable pour le service de son culte et l'entretien de ses ministres, il n'a pas disposé ainsi, il a voulu laisser à des volontés libres le soin et le mérite de satisfaire aux nécessités de son sanctuaire, et la contribution religieuse est une des lois qui a été primitivement écrite au cœur des hommes.

La première fois que le sacerdoce, jusque-là confondu avec l'autorité des chefs de famille patriarchales, fit son apparition soudaine et mystérieuse dans la vallée de Savé, nous voyons que le tribut est aussitôt acquitté envers lui. A l'aspect de Melchisédech offrant le pain et le vin, Abraham s'incline pour être béni du prêtre du Très-Haut; puis, se relevant il offre la dixième partie de son butin. (Genès. XIV, v. 18, 19, 20).

***

En ce jour là, dit Saint Chrysostôme, l'ordre des relations entre la puissance du siècle et la dignité ecclésiastique fut solennellement établi. Devant Melchisédech qui portait en lui le type de notre sacerdoce de la loi nouvelle, Abraham remplit le rôle de laïque et ce rôle se déclara en deux manières : d'abord en ce qu'Abraham reçut de Melchisédech la bénédiction que les laïques reçoivent des pontifes ; ensuite en ce qu'il lui donna l'assistance temporelle que les prêtres attendent des laïques. (Saint-Chrisos., *adv. Judeos,* VII, 5ᵉ édition, Gaume, t. Iᵉʳ, p. 849).

La foi et la raison naturelle sont tellement d'accord avec le précepte religieux, pour suggérer à l'homme le prélèvement d'une partie de ses biens à l'usage du service divin, qu'on en trouve la tradition, depuis Abel jusqu'à Jacob, durant toute la période antérieure aux lois que le Seigneur devait dicter à son peuple.

Dans l'établissement divin du peuple juif nous voyons, d'une part, que la tribu de Lévi, qui représente le corps sacerdotal, est mis en dehors du partage et de la possession des biens terrestres répartis entre les douze autres chefs des tribus d'Israël parce que le Seigneur lui-même est le partage et la possession des fils de Lévi. (Deut. chap. X, v. 9 — XVIII, v. 12) ; d'autre part, toutes les propriétés des douze tribus sont frappées d'une redevance considérable qui se produit sous la forme de prémices, de dîmes et d'autres diverses offrandes, pour l'alimentation de la tribu ainsi exclue de la propriété du sol. C'est la légitime attribuée pour toujours à la grande famille sacerdotale (Nombres XVIII, 8 et suiv.).

Cette part est la part de Dieu.

Du côté de celui qui offre, elle est la reconnaissance authentique du souverain domaine du Créateur, et la marque de la dépendance et de la gratitude ; du côté de Dieu à qui elle est offerte, cette part devient une source de bénédictions spirituelles et temporelles qu'il s'est engagé solennellement à répandre sur ses fidèles tributaires.

Moïse dit au peuple :

Tu sépareras, chaque année, la dixième part des fruits qui naissent de la terre et tu honoreras le Seigneur en tout temps. Le lévite viendra qui n'a point d'autre part d'héritage, ni de part avec toi, et il s'en nourrira, ainsi que l'étranger, l'orphelin et la veuve ; et le Seigneur *te bénira* dans tes entreprises et dans toutes les œuvres auxquelles tu mettras la main. (Deuter, XII, v. 12 ; XIV, v. 12-19) ; ce langage se retrouve cent fois sur les lèvres de l'envoyé du Seigneur et les autres écrivains le reproduisent souvent.

Honore le Seigneur de ta substance, écrit Salomon, et donne-lui sa part des prémisces de tous les fruits ; et tes greniers seront combles et tes celliers regorgeront de vin. (Prov. 111, 9, 10).

Apportez votre tribut dans ma maison et éprouvez-moi sur ce point, dit le Seigneur ; voyez si je n'ouvrirai pas pour vous les sources du ciel, et si je ne verserai pas sur vous la bénédiction jusqu'à l'abondance. (Malachie 111, 10 et suiv.).

Toute l'histoire du peuple de Dieu prouve qu'il fut fidèle à sa parole.

Bien que Notre Seigneur Jésus-Christ ne soit pas venu détruire la loi mais l'accomplir, plus libérale que la loi ancienne la loi évangélique a complètement laissé à la conscience éclairée des chrétiens le soin, le mode, la détermination de l'assistance temporelle due à l'Eglise. Vainement chercherait-on sur ce point une discipline écrite dans le nouveau testament, on le n'y trouverait pas. Ce qu'on y trouve, ce sont des faits et des principes sur lesquels viennent se poser, comme sur une base inébranlable, le droit général de l'Eglise a être pourvue des ressources nécessaires à son œuvre divine.

Le divin Sauveur a, en effet, déclaré que l'ouvrier est digne de son salaire et que le ministre de l'Evangile a droit au vivre et au couvert. (Saint-Luc, X, 7).

Et Saint Paul s'écrie : N'avons-nous pas le pouvoir de manger et de boire ? Si le soldat vit de la guerre, si celui

qui plante la vigne en goûte le fruit, si le pasteur a droit
au lait du troupeau, serons-nous seuls a être traités autrement ?

Ceci, continue-t-il, est le langage et la raison du sens humain ; mais la loi ne dit-elle pas la même chose ? Car, il
est écrit, dans la loi de Moïse : Vous ne lierez point la bouche du bœuf qui foule le grain. Dieu a-t-il donc tant de souci
des bœufs ? n'est-ce pas plutôt, pour nous-mêmes, qu'il a
fait cette ordonnance ? Oui, sans doute, c'est pour nous
que cela a été écrit. Car, celui qui laboure la terre ou qui
bat le grain, doit labourer et battre avec l'espérance d'avoir
sa part. Si donc nous avons semé parmi vous les biens spi-
rituels, est-ce une si grande chose que nous moissonnions
un peu de vos biens temporels ? Ne savez-vous pas que les
ministres du temple mangent de ce qui appartient au temple et que ceux qui servent à l'autel ont part aux oblations
de l'autel ? Ainsi le Seigneur a pareillement établi que ceux
qui annoncent l'Evangile, doivent vivre de l'Evangile. (1 Corinth. IX, 4, 14).

Saint Paul invoque ici tout à la fois l'autorité du droit naturel, les analogies avec le droit mosaïque et enfin le précepte même de Jésus-Christ rapporté plus haut par saint Luc.

Aussi les premiers chrétiens furent-ils les plus ardents à
se défaire de leurs richesses, en faveur de la communauté
chrétienne ; ils vendaient leurs champs et leurs maisons, ils
en apportaient le prix aux pieds des apôtres. (Act. IV, v.
34-35).

Ce désintéressement a été imité à toutes les époques et a
formé ce qu'on appelait le patrimoine de l'Eglise, patrimoine
légitime et sacré qui avait pour immense avantage de sor-
tir la religion d'un état d'indigence qui l'eut rendue dépen-
dante de tous les accidents dont est semée la vie des peuples et de toutes les variations auxquelles est sujet le cœur
humain.

Ç'avait été le mérite et la gloire des siècles de placer
l'Eglise dans une situation prospère qui la garantissait con-

tre le délaissement des siècles plus positifs et moins religieux. Aussi en était-elle arrivée à goûter la félicité proclamée par son divin fondateur et, placée au milieu de toutes les misères, elle était en position de donner beaucoup plus qu'elle ne recevait.

Mais ce que l'action combinée de Dieu et des siècles avait établi, l'action du mal pouvait l'atteindre et le détruire.

Un décret du 2 novembre 1789 mit à la disposition de la nation les biens ecclésiastiques et il en fut mis en vente, un mois plus tard, pour quatre cents millions.

Toutefois un autre décret du 22 avril 1790 déclara qu'à partir du premier janvier de cette année les ecclésiastiques recevraient un traitement en argent, et l'art. 5 ajoutait que dans l'état des dépenses publiques de chaque année, il serait porté une somme suffisante pour fournir aux frais du culte de la religion catholique, apostolique et romaine, à l'entretien des ministres des autels, au soulagement des pauvres et aux pensions des ecclésiastiques tant séculiers que réguliers, de manière que les biens mis à la disposition de la Nation pussent être dégagés de toutes charges et employés par le Corps législatif aux plus grands et aux plus pressants besoins de l'Etat ;

Il n'y aura, dit l'art. 6, *aucune distinction* entre cet objet de service public et les autres dépenses nationales.

Les traitements des membres du clergé sont donc *une dette nationale.*

Et si, dans l'article 13 du concordat du 18 germinal an X, l'Eglise a pris l'engagement de ne troubler, en aucune manière, les acquéreurs des biens ecclésiastiques, ce fut devant l'engagement corrélatif pris par le gouvernement lui-même d'assurer un traitement convenable aux évêques et aux prêtres, art. 14.

Depuis, un décret du 8 janvier 1803 a déclaré ces traitements *insaisissables*, en totalité, *ils ne peuvent être retenus par les agents de l'administration* que pour cause d'absence volontaire dont l'évêque est le seul juge. (Arrêté du 18 nivôse an XI).

La suppression ou la retenue illégale donne lieu à un recours devant le Préfet et le Ministre des cultes ou encore devant les tribunaux civils. (Dalloz, *Culte*, n° 470).

Malgré une situation si bien définie, malgré des droits si bien établis, vous avez fait fraude à la signature de l'Etat !... A qui se fier désormais ?...

L'Eglise n'ayant renoncé à ne pas troubler les acquéreurs de ses biens que contre l'engagement pris au nom de la Nation de payer un traitement à ses membres, il y a là un contrat synallagmatique parfait, chacune des parties ayant entendu contracter une obligation principale et distincte, un contrat commutatif où chacune d'elles n'a entendu donner ou faire une chose que comme équivalent de ce qu'on lui donnait ou de ce qu'on faisait pour elle, et comme il est de l'essence de ces conventions de ne pouvoir être révoquées que du consentement mutuel de ces mêmes parties, *c'est contre tout droit que vous avez supprimé ou laissé supprimer le traitement de saints prêtres* dont l'ardeur et la sincérité de la foi étaient le seul crime !...

Comment ne comprenez-vous pas que si Dieu est débouté de son droit ici bas, en ce qui concerne les nécessités de son culte, et quoi de plus nécessaire à ce culte que le traitement de ses prêtres, comment ne comprenez-vous pas que tous les titres sur lesquels se fonde la propriété humaine seront logiquement lacérés demain.

Quand la cause de l'Eglise est méconnue, toute justice, toute subordination sont à la veille d'être anéanties.

Les législateurs de 1790 n'avaient pas vos vues étroites et tracassières ; tandis que vous redoutez de voir les prêtres vous apparaître autrement que muselés dans la chaire, rivés à leurs confessionnaux, parqués et gardés à vue dans leurs sacristies, murés dans leurs églises, eux, vos pères, plus violents que vous, mais aussi plus sincères, car s'ils avaient toutes les audaces du vice ils ne cherchaient pas à les atténuer par l'hypocrisie de la vertu, eux, ne craignaient pas de voir les ministres de Dieu se mêler, *comme c'est d'ailleurs leur droit,* aux affaires de l'Etat :

Les évêques, curés et vicaires, dit l'art. 6 du titre IV de la loi du 16 juillet 1790, pourront, comme citoyens actifs, assister aux assemblées primaires et électorales, y être nommés électeurs, députés aux législatures, élus membres du conseil général de la commune et du conseil des administrations des districts et des départements.

Vous, la vue d'une soutane vous horripile, une mître vous terrifie, Pourquoi ?... parce que ces vêtements symbolisent une grandeur morale contre laquelle vous ne vous sentez pas en état de lutter ; le prêtre vous dépasse tant, par ce côté, qu'ils vous diminue même à vos propres yeux, De là votre exécration : *Gravis est nobis etiam ad videndum, quoniam dissimilis est aliis vita illius et immutatæ sunt viæ ejus* (Sagesse, chap. XI, v. 15) ; et votre déplorable esprit vous empêche de voir que l'Eglise, par ses différents degrés, touche à nos divers besoins, arts, lettres, sciences, législation, politique, institutions littéraires, civiles et religieuses, fondations pour l'humanité. En effet, tandis que ces magnifiques bienfaits nous arrivent par les rangs supérieurs de la hiérarchie, les détails de la charité et de la morale sont répandus par les degrés inférieurs, chez les dernières classes du peuple. La simplicité du cœur, la sainteté de la vie, la pauvreté évangélique, la charité de Jésus-Christ font des prêtres la classe la plus respectable de la nation ; on en voit, tous les jours, se refuser le pain pour nourrir les nécessiteux et se dépouiller de leurs habits pour en couvrir l'indigent. Leur maison est ouverte à tous et ils n'amassent pas de richesses, ils n'ont pas d'hôtels au Cours-la-Reine, ni de châteaux en province. Comment donc refuser à de tels hommes quelque sévérité d'opinion ? Qui de vous, parmi les plus philanthropes, voudrait, durant les rigueurs de l'hiver, être réveillé au milieu de la nuit, pour aller administrer, au loin, dans les campagnes, le moribond expirant sur la paille ; qui de vous voudrait avoir sans cesse le cœur brisé d'une misère qu'on ne peut secourir, se voir environné d'une foule de gens dont les joues. hâves et les yeux creux dénoncent les ardeurs de la fièvre, de la faim et de tous les besoins? Consentiriez-vous à suivre les curés de Paris, dans le séjour du crime et de la douleur, pour consoler le vice apparaissant sous les formes les plus repoussantes, pour verser l'espérance dans un cœur désespéré ; qui de vous, enfin, voudrait se séparer du monde heureux, pour vivre éternellement parmi les souffrances et ne recevoir en mourant, pour tant de bienfaits, que l'ingratitude du pauvre et l'indifférence du riche ?...

§ V.

Domus cuique tutissimum refugium atque receptaculum. (L. 18, ff., in jus vocando). — *Non concupisces domum proximi tui.*

(Exode, chap. xx, v. 17.)

Dieu qui a créé l'homme sociable lui a donné en même temps le moyen d'accomplir sa destinée. et c'est ainsi Dieu lui-même qui a institué le droit de propriété, celui de tous les droits, peut-être, qui se révèle le plus vivement par le seul instinct de la conscience, celui de tous dont l'assentiment universel et le libre respect des peuples proclament avec le plus d'énergie, l'*inviolabilité*, indépendamment des lois positives, partout où les funestes doctrines et les détestables excitations des partis n'ont pas égaré leur bon sens et leur bonne foi.

C'est par la propriété, a dit M. Thiers, que Dieu a civilisé le monde et mené l'homme du désert à la cité, de la cruauté à la douceur, de l'ignorance au savoir, de la barbarie à la civilisation. (p. 31).

Il suffit de la plus vulgaire raison pour reconnaître que la propriété individuelle et transmissible est le seul moyen qui ait été donné à l'homme de jouir librement de la terre que Dieu a affectée à ses besoins, et qu'il n'y a pour l'humanité, en dehors de cette condition, d'autre alternative que la barbarie ou l'esclavage.

Toutes les législations ont protégé ce droit, consacré dès l'origine, par le décalogue : *Vous ne déroberez pas !*

La nôtre le confirme également et définit la propriété :

Le droit de jouir et de disposer des choses de la manière la plus absolue, pourvu qu'on n'en fasse pas un usage prohibé par les lois. (C. civ., art. 544).

Et nul ne peut être contraint de céder sa propriété, si ce n'est pour cause d'utilité publique et moyennant une juste et préalable indemnité. (Art. 545).

D'autre part, aux termes de l'article 76 de la constitution du 22 frimaire an VIII : « La maison de toute personne habitant le territoire français est un asile inviolable. »

Et l'article 184 du code pénal a sanctionné ce principe par les dispositions suivantes : « Tout fonctionnaire de l'ordre administratif ou judiciaire, tout officier de justice ou de police, tout commandant ou agent de la force publique qui, agissant en sa dite qualité, se sera introduit dans le domicile d'un citoyen *contre le gré de celui-ci*, hors les cas prévus par la loi et sans les formalités qu'elle a prescrites, sera puni d'un emprisonnement de six jours à un an et d'une amende de seize francs à cinq cents francs, sans préjudice de l'application du second paragraphe de l'article 114.

Tout individu qui se sera introduit, à l'aide de menaces ou de violences, dans le domicile d'un citoyen sera puni d'un emprisonnement de six jours à trois mois et d'une amende de seize francs à deux cents francs. »

Mais, foulant aux pieds des textes si précis, vous avez fait défoncer les portes des couvents, vous avez mis les autels de Dieu sous les scellés, vous avez chassé les religieux de leurs maisons et monastères ; joignant le ridicule à l'odieux vous avez fait faire à l'armée.... le siège de Frigolet et fait donner l'assaut à Solesmes ! ! !

Le rouge en montera longtemps au front des vrais guerriers.

Nous n'avons pas à examiner ici jusqu'où peut, ou doit aller l'obéissance du soldat, à rechercher si le fait de porter les armes et d'en poursuivre la carrière, détruit ou non les obligations de la conscience ; mais nous dirons, sous le couvert d'une haute autorité : que si une guerre est formellement injuste et manifestement impie, pour toute conscience suffisamment éclairée et convaincue, l'exemple de la légion thébaine fait loi. Voici le récit de ce fait dont le souvenir se perpétuera dans tous les âges :

Sous l'Empire de Dioclétien, vers la fin du troisième siècle, il y avait dans l'armée romaine toute une légion de thébains qui faisaient profession de foi chrétienne. Maurice était le chef de cette légion qui comptait *six mille six cent soixante soldats* dans ses rangs. De l'aveu de tous, c'étaient les meilleurs hommes de l'armée. Or, voici que le commandant de l'expédition, Maximien, hercule, déjà associé à la dignité impériale, veut obliger les thébains à sacrifier aux idoles et *leur* imposer le serment de persécuter les chrétiens, comme ennemis de l'Empire. A cette proposition, la légion entière se sent atteinte dans son honneur comme dans sa religion : « Empereur, s'écrient ces braves, nous sommes vos soldats, mais nous sommes serviteurs de Dieu : *milites sumus, imperator, tui ; sed tamen servi Dei.* A vous nous devons le service militaire, à Dieu nous devons l'innocence de nos âmes ; *tibi militiam debemus, illi innocentiam.* Commandez quoi que ce soit qui n'offense pas l'honneur de notre créateur, qui est aussi le vôtre ; nous vous obéirons. Quant à nous rendre apostats de notre foi et homicides de nos frères, les serviteurs du Christ, vous n'y réussirez jamais. Nous avons des armes, nous les déposons, nous nous laisserons égorger sans défense.

Et toute la légion fut immolée, et elle laissa aux générations à venir cette grande et mémorable maxime. C'est que si les soldats chrétiens se montrent toujours les premiers à obéir à la consigne, c'est à la condition, pourtant, de ne pas désobéir à la conscience. Le soldat peut vivre en chrétien quand il le veut, et, s'il n'est pas tel, la faute n'en est pas à son état mais à sa volonté. C'est ce qu'écrivait saint Augustin à un haut dignitaire de l'armée d'Afrique ; *non enim benefacere prohibet militia, sed malitia.*

A l'Empereur notre bravoure guerrière; à Dieu l'intégrité de notre foi. Le despotisme païen se le tint pour dit. Depuis lors on ne posa plus de semblable alternative à la conscience des soldats chrétiens, et nous avons la confiance qu'on ne la posera jamais. (23 septembre 1860).

Dans tous les arrondissements où furent pratiquées des expulsions de religieux, en France, *en 1880*, il y avait des juges d'instruction. Si ces religieux avaient commis des délits ou des crimes, il fallait procéder, contre eux, par les voies judiciaires de droit commun, faire délivrer des mandats d'amener, de dépôt ou d'arrêt, et non pas agir par voie administrative, auxiliaire complaisante de tous les attentats contre la liberté individuelle, avec la formule élastique raison d'Etat (expulsion des princes).

D'après les commentaires les plus autorisés sur l'art. 10 de notre Code d'instruction criminelle et d'après les circulaires de la chancellerie, les préfets ne peuvent agir, dans l'arrondissement d'un juge d'instruction, *qu'en matière de flagrant délit* et encore en l'absence de ce magistrat ; et, dès que le juge d'instruction apparaît, les préfets doivent se retirer.

Leurs réquisitions d'expulsion n'étaient fondées ni en fait, ni en droit. Les lois antérieures par eux visées, spécialement en ce qui concerne les jésuites, (édits de 1764 et de 1777), étaient depuis longtemps abrogées. C'est pourquoi devant une telle violation de la loi et des juridictions, devant une usurpation aussi insultante pour leur caractère et leur dignité qu'hostile à leur foi, beaucoup de juges d'instruction et d'officiers du parquet ont cru devoir protester par l'envoi de leur démission.

Le général de Sonis s'était aussi, le 3 novembre 1880, fait relever de son commandement en disant : « Mon hon-

neur de chrétien me défend de participer aux actes qui ont
été accomplis par mes troupes. » Et, expliquant comment
il entendait le devoir, pour un chrétien, il ajoutait : « Lorsqu'un militaire reçoit l'ordre de faire quelque chose qui se
trouve contraire à la loi de Dieu, il répond : Relevez-moi
de mon commandement, parce que je ne puis pas désobéir
à Dieu. Traduisez-moi devant un conseil de guerre si vous
voulez, et dussè-je y perdre la vie je ne désobéirai pas à
Dieu. » Tout cela est très simple et très clair. Nous sommes
en plein paganisme, il faut vivre et penser comme les soldats de la légion thébaine. (Vie du général, p. 482, 486.)

Ce désaveu ne vous a point arrêtés et vous méritez incon-
testablement le reproche qu'on vous adresse de toutes
parts de n'invoquer les lois que pour les violer, que pour
étrangler la justice. *Condunt leges iniquas et injustitiam
scripserunt.* (Isaïe, chap. X, v. 1ᵉʳ).

§ VI

Bibunt, quasi aquam, iniquitatem.

(Job, chap. xv, v. 16.)

C'est un principe de droit qu'on ne peut pas faire indi-
rectement ce qu'on ne peut pas faire directement.

Vous n'osez pas, vous ne pouvez pas décréter la suppression des communautés, attendu que la faculté de s'associer
est de droit naturel et qu'il n'existe pas de loi qui la prohibe ;
l'article 291 du Code pénal n'est applicable qu'aux personnes du dehors et non à celles domiciliées dans la maison,
quel que soit leur nombre : « Nulle association de plus de
vingt personnes, dont le but sera de se réunir tous les jours
ou à certains jours marqués pour s'occuper d'objets religieux, littéraires, politiques ou autres, ne pourra se former
qu'avec l'agrément du gouvernement et sous les conditions
qu'il plaira à l'autorité publique d'imposer à la société.

« *Dans le nombre des personnes indiquées par le présent article, ne sont pas comprises celles domiciliées dans la maison où l'association se réunit.* »

Pas d'ambages possibles, mais pour forcer ces communautés à s'expatrier, d'elles mêmes, ou à se disperser, pour les empêcher de vivre en commun, d'observer leur règle, vous essayez de les écraser par des impôts qui équivalent à une confiscation de leurs biens, cherchant à dissimuler l'odieux de la mesure sous le voile de la loi. Personne ne s'y trompe et vos hideux calculs ne servent qu'à mieux faire ressortir la duplicité de la méthode, la perfidie du moyen. Vous n'osez pas faire tomber le couteau sur le cou de vos victimes, de peur de soulever, contre vous, par l'aspect du sang répandu, vous préférez les faire mourir lentement d'après le procédé en honneur chez les pieuvres et les vampires. Et vous avez tellement détérioré l'esprit public, abaissé les caractères, oblitéré les consciences que vous trouvez dans toutes vos administrations, des agents, quelle que soit leur origine, quelles que soient les traditions de leur famille et les données premières de leur éducation, prêts à se faire les exécuteurs de vos œuvres d'iniquité.

Vous imitez, vis-à-vis des malheureuses congrégations, la conduite de Julien l'apostat qui disait, en parlant des chrétiens par lui persécutés et avec une ironie amère : « De quoi se plaignent-ils, leur admirable loi leur enjoint de renoncer aux biens de la terre, afin d'arriver au royaume des Cieux et nous, voulant leur faciliter le voyage, ordonnons qu'ils soient soulagés de tous les biens !... » Saint-Augustin vous avait certainement en vue quand il écrivait : *Qui summum bonum contemnunt, caducum mundi bonum diligunt, socias animas despiciunt, carnis desideriis obediunt : hi inordinate vivunt sicque malum faciunt.*

Vous détournez abusivement nos lois dans le sens de vos opinions et, par de sacrilèges interprétations, vous faites d'un chemin droit, mille sentiers obliques !

Où puisez-vous donc, s'il vous plaît, le droit de nous persécuter comme vous le faites, car nous ne souffrons pas seulement des violences dont nous sommes personnellement victimes, mais aussi de celles que nous voyons imposer à nos frères. Comment se fait-il que des Français, nom qui signifie : loyauté, générosité, franchise, honneur, puissent n'êtes pas touchés du dévouement et de la charité ? Comment se fait-il que des hommes consacrés au soulagement des maux de l'humanité n'attirent pas vos suffrages ? Comment se fait-il que ces vierges hospitalières qui consument leur jeunesse et leurs grâces au service des douleurs du peuple, que les habitantes du cloître qui élèvent, à l'abri des autels, les épouses futures de vos fils, ne puissent trouver grâce devant vous ?

Vous êtes vraiment singuliers : quand les hommes de votre clan ne sont pas aux affaires, ils crient, à tout propos, à la tyrannie ; dès qu'ils en ont escaladé les degrés, ils sont mille fois plus intolérants que les pires oppresseurs, leur arbitraire ne connaît plus de bornes, de sorte qu'on peut leur appliquer, avec justesse, le mot de Salomon aux énergumènes de son époque : *Cum sumpserint principatum gemet populus.* (Prov. chap. XXIX, v. 2).

Pauvre peuple, vous vous intitulez ses protecteurs, mais vous ne l'êtes certainement pas.

Qui donc frappez-vous dans la personne du prêtre ?

Le peuple, car le prêtre, c'est l'enfant du peuple, c'est le fils de l'ouvrier, du manœuvre, c'est le fils de la veuve et souvent l'orphelin, à quelque rang qu'il soit de la hiérarchie.

Qui frappez-vous dans la personne des religieux, des frères, des sœurs, à quelqu'ordre qu'ils appartiennent ?

Le peuple, car, tous ou presque tous sortent de ses rangs et ce sont les enfants de ce même peuple qui sont élevés, enseignés, soignés par eux, dans les crèches, les asiles, les écoles, les refuges, les hôpitaux, etc., etc.

Qui frappez-vous par la surélévation désordonnée des impôts ?

Le peuple, principalement le peuple, qui paie plus cher les objets de première nécessité, tout en voyant diminuer son salaire.

Qui frappez-vous plus cruellement par la loi militaire, sans dispenses, sous prétexte d'égalité ?

Le peuple, toujours le peuple, encore le peuple, l'ouvrier malheureux, besogneux, malaisé sur lequel, heureusement pour lui, veille, sans fracas et d'une façon plus effective, la sollicitude constante de la charité chrétienne.

Et pourquoi est-il toujours ainsi maltraité par vous ? parce que *vous ne l'aimez pas*, parce que *vous en rougissez*, parce que votre insigne vanité supporte difficilement la pensée qu'on peut vous croire appartenir au même milieu, ce qui est vrai cependant, et que vous vous imaginez que l'orgueil, même sans le mérite, vous place dans les rangs de l'aristocratie.

Vous vous adressez à lui parce qu'il est le nombre et que vous en avez besoin pour vous élever, pour satisfaire non pas la soif de le servir, mais votre égoïsme, et cet égoïsme est tellement féroce que vous cherchez par tous les moyens à détruire dans son âme les sentiments de foi qui pourraient l'entr'ouvrir aux promesses du Ciel. Vous ne lui voulez de consolation, de paix et de bonheur ni dans ce monde ni dans l'autre ; vous sentez que s'il venait à croire, comme il le devrait, aux espérances immortelles, il rejetterait, avec dédain, vos protestations intéressées de zèle et de dévouement et alors, adieu sinécures, grasses rétributions, brillants hôtels, banquets plantureux, fêtes, honneurs, plaisirs et le reste ; car, vous êtes bien comme les deux filles de la sangsue dont parle l'écriture qui ne se lassent jamais de crier : apporte, apporte ! *Sanguisugæ duæ sunt filiæ dicentes : affer, affer.* (Prov. XXX, v. 15.)

Et pourquoi vous écoute-t-il, cet infortuné peuple ? Parce qu'il souffre, que dans cet état on est disposé à ajouter foi aux sollicitations les plus banales de jours meilleurs et qu'on croit toujours facilement ce qu'on désire avec ardeur.

Faites donc un retour sur vous-mêmes et devenez, pour tous, des amis, au lieu de demeurer des persécuteurs et des tyrans.

Catholiques, nous ne vous demandons pas vos faveurs, nous ne réclamons aucun privilège, mais la liberté commune, celle écrite dans nos codes, celle que l'homme tient de sa nature, qu'ont consacrée la piété des âges et la sagesse des nations, la liberté d'enseigner, de nous associer, de nous réunir, la liberté de faire le bien !

Est-ce que nous ne payons pas nos impôts. Est-ce que nous sommes de mauvais citoyens, pour que vous suscitiez contre nous la haine et le mépris, pour que vous nous déclariez hors la loi ? Est-ce que nous sommes des perturbateurs ? Est-ce que nous formons des conspirations et des complots contre l'ordre social et la paix publique ? Est-ce que nous refusons de satisfaire aux charges de l'Etat ? Est-ce que nous trahissons la patrie ? Est-ce que nous conspirons contre la liberté d'autrui, menaçons-nous la propriété, tendons-nous des pièges à l'innocence, sommes-nous des révolutionnaires, tenons-nous des conciliabules secrets où se décident la vie et la mort des Empires ?

Vous savez bien que non, que notre seule conspiration consiste à prier Dieu, en commun, et à nous cotiser pour apporter quelque soulagement à la misère du pauvre.

Rien ne peut donc vous autoriser à nous frapper d'ostracisme.

Remarquez d'ailleurs que votre autorité venant de nous, Français, vous n'en devez faire usage que pour nous et non pas contre nous, en faveur d'étrangers.

Ce n'est pas le souverain, dit un célèbre orateur, qui doit régner sur le peuple, c'est la loi ! Vous n'en êtes que les dépositaires. C'est elle qui doit régler l'usage de l'autorité, tout ce qui la rend injuste et odieuse l'énerve et la diminue. Oseriez-vous dire que les travestissements que vous en faites n'ont pas ce résultat ? Changez vos procédés. C'est un mauvais orgueil de croire qu'on ne peut avoir tort ; c'est une faiblesse de n'oser reculer, quand on sent qu'on nous a fait faire une fausse démarche : les variations qui nous ramènent au vrai, affermissent l'autorité, loin de l'affaiblir : ce n'est pas se démentir que de revenir de sa méprise ; ce n'est pas montrer aux peuples l'inconstance du gouvernement ; c'est leur en étaler l'équité et la droiture. Les peuples savent assez et voient assez souvent que les gouvernements peuvent se tromper ; mais ils voient, rarement, qu'ils sachent se désabuser et convenir de leur méprise ; il ne faut pas craindre qu'ils respectent moins la puissance qui avoue son tort et qui se condamne elle-même ; leur respect ne s'affaiblit qu'envers celle ou qui ne le connaît pas ou qui le justifie : et, dans leur esprit, rien ne déshonore l'autorité que la faiblesse qui se laisse surprendre et la mauvaise gloire qui croirait s'avilir en convenant de son erreur et de sa surprise.

On vous prête de vous laisser diriger par les juifs et par les francs-maçons, ce serait le châtiment prédit dans l'écriture :

« L'étranger qui est avec vous, dans votre pays, s'élèvera au-dessus de vous et il deviendra plus puissant, et, pour vous, vous descendrez, et vous serez au-dessous de lui ;

Ce sera lui qui vous prêtera de l'argent et vous ne lui en prêterez point, il sera lui-même à la tête et vous ne marcherez qu'après lui, *in caudam!* (Deuter, chap. XXVIII, v. 43, 44.)

Ce servilisme est dans la nature des choses, les ennemis de l'Eglise sont les auxiliaires nés des déicides, de la race maudite ; nous, baptisés de Jésus-Christ, nous sommes de la plus grande race du monde, nous sommes de race divine ; car nous sommes de la race du Christ qui est le fils de Dieu !

Donc, si vous subissez réellement le joug dénoncé, nous ne fusionnerons jamais avec vous, nous ne pourrions trouver une formule d'adhésion qui ne fût pas une apostasie.

Convenez toutefois qu'il est étrange que le christianisme soit maintenant obligé de se défendre, devant ses enfants, comme il se défendait, autrefois, devant ses bourreaux, et que l'apologétique aux gentils soit devenue l'apologétique aux chrétiens ! ! !...

« Vous nous livrez une guerre inique, impie, implacable, disait Tertullien aux païens ; quand il s'agit de nous, vous foulez aux pieds toute justice, il n'y a pas de droit pour les chrétiens. »

Qu'y a-t-il de changé ? Rien quant au fond, et quant au temps, votre intolérance, que vous osez appeler progrès, nous reporte 1600 ans en arrière !

Nous savons bien que vous êtes trop grisés des prérogatives de votre fortune actuelle pour reconnaître la sincérité de nos griefs et que vous resterez sourds à nos justes revendications. Mais, nous en appelons à toutes les âmes droites, à toutes les intelligences éclairées, à tous les esprits libres, à tous les cœurs sincères, à tous les gens d'honneur, tous, sans exception, vous flétriront, vous répudieront, vous condamneront. Et, sous ce torrent grossissant, sans cesse, d'imprécations et de malédictions, vous tomberez bientôt honnis et méprisés. « *Qui prœdaris, nonne et ipse prœdaberis ? et qui spernis, nonne et ipse sperneris ? cum consummaveris depredationem deprœdaberis.* (Isaïe, chap. XXXIII, v. 1er).

En attendant, nous prions pour l'Eglise, pour la France, pour le vicaire de Jésus-Christ, pour la cause de la chrétienté toute entière ; mais, du milieu de nos tristesses, nous ne perdons pas de vue les assurances consolantes du Saint-Esprit.

La prière de l'homme qui s'humilie percera les nues, elle ne se désistera pas qu'elle n'ait été jusqu'à Dieu et elle ne se retirera point que le Très-Haut ne l'ait regardée.

Le Seigneur ne la repoussera pas, mais il prendra la défense des gens de bien et leur fera justice. La patience du très fort est épuisée, il va casser les reins des oppresseurs.

Il exercera sa vengeance contre les races impies en détruisant la domination des superbes et en broyant le sceptre des injustes.

Il fera ainsi justice des jugements iniques et il rendra la joie aux siens par sa miséricorde.

Car la protection de Dieu, après un temps prolongé de tribulation, est reçue avec autant de transport que la pluie au temps de la sécheresse. (Eccles. chap. XXXV, v. 21, 22, 23, 25 et 26).

Votre liberté est un mythe, votre égalité n'est qu'un mot et votre fraternité un mensonge !

Lacerata est lex, et non pervenit usque ad finem judicium : quia impius prœvalet adversus justum. (Habacuc, chap. Ier, v. 6).

Votre voie périra, *iter impiorum peribit.* (Ps. 1er, v. 6.)

Vous serez détruits, comme la cire que la chaleur fait couler.

Sicut cera, quœ fluit, auferentur. (Ps. LVII, v. 9).

Dieu vous fera disparaître tous ensemble.

Deus conteret scelestos et peccatores simul. (Isaïe, chap. Ier, v. 28).

Amen, Amen, Amen ! ! !

Chaumont. — Typographie et Lithographie CAVANIOL.